STARY

...sionierter

...ungen, Pumpenanlagen, Bäder-

...ichtungen

...ssergasse Nr. 23

...turen

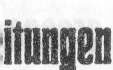

...itungen

...llungen.

...arvens-

...umpen

...tbetrieb.

...piritus-,

...-Heiz- und Koch-Apparaten.

...paraturwerkstätte

...für

...maschinen

und Fahrräder.

...zin-Station ! !

Baden bei Wien

Hildegard Hnatek und Birgit Doblhoff-Dier

Baden bei Wien

Handwerk, Handel und Gewerbe
in historischen Fotografien

i

Einer der wichtigsten Erwerbszweige in Baden war der Weinbau. Das Foto zeigt die schwere Arbeit bei der Weinpresse.

Impressum

Sutton Verlag GmbH
Hochheimer Straße 59
99094 Erfurt
www.suttonverlag.de
Copyright © Sutton Verlag, 2016

ISBN: 978-3-95400-710-3

Druck: Florjančič Tisk d.o.o. / Slowenien
Gestaltung und Herstellung: Sutton Verlag

Titelbild: Das Delikatessen- und Spezereiengeschäft Josef Florian in der Pfarrgasse 10 wurde um 1910 fotografiert.
Vorsatz: Eine Reklame der Firma Franz Stary im Jahr 1912.
Nachsatz: Der Lehrbrief des Johann Steindl vom 20. Juli 1923.
Einband hinten: Im Herbst 1911 wurde das Haus in der Grabengasse 21 aufgenommen, in dem sich einige Geschäfte und Gewerbebetriebe, wie ein Vergolder und Schriftenmaler, Gold- und Silberwaren und die Greißlerei Kretschmer, befanden.

Inhaltsverzeichnis

Bildnachweis

Alle Abbildungen stammen aus dem Rollettmuseum Baden, mit Ausnahme von: Seiten 9 bis 12: Paul Lehner, Seite 17: Manfred Schneider, Seite 22 unten: Frau Fridrich, Aufnahme Karl Grüneis, Seite 24: Christof Jurczek, Seite 26: Ingrid Lackinger, Seiten 29 bis 33: Otto Wolkerstorfer, Seite 41: Josef Rath, Seiten 42/43: Franz Reiter, Seiten 45 bis 47: Peter Schwarzott (Copyright Familie Schwarzott), Seiten 53 bis 55: Hildegard Hnatek, Seite 56 unten: KR Wilhelm Fleischberger, Seite 64: Familie Haderer, Seite 68: Helga Weidinger, Seite 71: Familie Dr. Prokopp, Seiten 73 bis 75: Univ. Prof. Dr. Karl Zweymüller, Seite 80: Elisabeth Braun, Seiten 94 und 95 oben: Hans Glanner, Seite 96: Familie Rotter-le Beau, Seite 97: Mag. Reinhard Scholda, Seite 99 unten: Univ. Prof. Dr. Reinhard Kirnbauer, Seite 100: Mag. Liselotte Fischer, Seite 101: Mag. Heinz Haberfeld und Seiten 108 und 111: Franz Reiter.

Danksagung

Wir bedanken uns bei Rudolf Maurer, dem Leiter des Stadtarchivs und Rollettmuseums Baden für die so großzügige Unterstützung, bei Franz Reiter für viele Informationen und einige Leihgaben, bei Roland Stark für Fotoreproduktionen und bei unseren Kolleginnen für ihre Geduld. Beim Sutton Verlag bedanken wir uns für das erneute Interesse an einem Bildband über Baden, diesmal mit Schwerpunkt Handwerk, Handel und Gewerbe.

Baden zwischen 1880 und 1980

Die Badener Schwefelquellen, der Weinbau und die besondere Lage an den Ausläufern des Wienerwaldes waren seit jeher die wichtigsten Faktoren im Wirtschaftsleben der Stadt.

Zwischen 1880 und 1980 hat sich in Baden vieles verändert. Die Eröffnung des Kurhauses im Kurpark 1886 sollte einen Glanzpunkt setzen und dem internationalen Kurpublikum einen eleganten Treffpunkt bieten. Die Gründung der Trabrennbahn und die Veranstaltung der Renntage brachten tausende Tagesgäste. Die Fertigstellung der Badener Wasserleitung im Jahr 1903 mit dem Undine-Brunnen als immerwährendem künstlerischem Höhepunkt bedeutete für Baden einen Riesenschritt in die Zukunft. Die Jahre bis 1914 waren geprägt

durch die Errichtung zahlreicher mehrstöckiger Großbauten sowie durch den Neubau der Arena und des Stadttheaters, das biedermeierliche Flair war nicht mehr gefragt.

Dass es natürlich auch in dieser Zeit Menschen gab, deren Tagewerk extrem anstrengend, ihr Fortkommen hingegen bescheiden, ja zum Teil dürftig war, wollten wir mit den eindrucksvollen Bildern im Kapitel „Stadtbekannt" zeigen.

Der Erste Weltkrieg und seine Folgen, die Geldabwertung und der Verlust des Vermögens bedeuteten ein Innehalten dieser genannten Bestrebungen. Erst der Bau des großartigen Strandbades 1926 und die Eröffnung des Spielcasinos 1934 kurbelten das Wirtschaftsleben wieder an, brachten Einkünfte für die Gemeindekasse und Aufschwung für Handel und Gewerbe.

Der Zweite Weltkrieg und danach die Besetzung der Stadt durch die Sowjets – Baden war Hauptquartier der russischen Besatzungsmacht bis 1955 – bedeuteten erneut Stillstand, Not und Sorgen in vieler Hinsicht. Dennoch machte man sich mit Energie und Willen an den Wiederaufbau und die Gründung neuer Unternehmen.

Im Dezember 1950 wurde der erste Selbstbedienungsladen des Konsum in der Wassergasse eröffnet und ab den 1960er-Jahren entstanden nach und nach Einkaufsmärkte, wie Eisenberger in der unteren Wassergasse, der CO-OP Markt der Konsumgenossenschaft NÖ-Süd in der äußeren Vöslauerstraße im Jahr 1972, die Sparmärkte, Billa, das Lagerhaus in der Neustiftgasse und andere.

Viele Lebensmittel- und Einzelhandelsgeschäfte mussten schließen, die Konkurrenz wurde zu stark.

Die drei großen Sozialversicherungsanstalten (NÖ Gebietskrankenkasse, Kasse der Gewerblichen Wirtschaft und BVA-Bundesversicherungsanstalt) errichteten in Baden Kur- und Rehabilitationshäuser (Rheumazentren) für ihre Mitglieder. Die Anzahl der privat in Anspruch genommenen Kuren ging drastisch zurück. Dennoch belebte die große Zahl der Kassenpatienten das Geschäftsleben, die Gastronomie und die Wirtschaft im Allgemeinen.

Wie überall sind es vor allem die Handwerksbetriebe, die aufgrund geänderter und billigerer Produktionsmöglichkeiten ihre Existenz verloren haben: Im Adressbuch von 1912 findet man beispielsweise 85 Schuhmacher und 67 Kleidermacherinnen. 1951 waren es noch 45 Schuhmacher, heutzutage gibt es genau drei Schuhmacher in der Stadt und bestenfalls einige Änderungsschneidereien.

Auch im Einzelhandel sind die Verdienstmöglichkeiten andere geworden. 1912 waren 14 Delikatessengeschäfte und 50 Gemischtwarenhandlungen eingetragen. 1951 waren es unglaubliche 95 Lebensmittelgeschäfte, heute gibt es in Baden noch drei Lebensmittel-Einzelhandelsgeschäfte. Zugenommen hat die Zahl der Boutiquen, nicht nur Modegeschäfte, sondern auch Andenkenläden und hübscher Zierrat.

Wir haben versucht, ein bunt gemischtes Bild des Lebens in der Stadt zu entwerfen, mit den Fotografien und Materialien, die im Stadtarchiv aufbewahrt werden und den Leihgaben einiger Firmen und Familienbetriebe. An dieser Stelle unser großes Dankeschön, auch für so manches informative, oft berührende, nette Gespräch.

Hildegard Hnatek und Birgit Doblhoff-Dier

Das Badener Strandbad.

Vom Handwerk

Früh übt sich, was ein Meister werden will! Paul Lehner senior um 1932.

Familie Lehner kaufte die Bäckerei und Konditorei in der Breyer-straße 1 im Jahr 1927. Der Umbau erfolgte später.

Auch bei Paul Lehner junior zeigte sich sehr früh das Interesse für seinen späteren Beruf.

In der alten Backstube der Bäckerei Lehner wurde emsig gewerkt.

Drei Generationen Lehner. Ein freundliches Trio!

Das ehemalige Kupferschmied-Haus, heute Beethoven-Gedenkstätte, wurde von der Bäckerei Zinober übernommen. Die Aufnahme zeigt die Situation um 1900.

Anton Nöstinger übernahm diese Bäckerei 1936 und führte den Betrieb bis 1963.

In der Pfarrgasse 16 befand sich die beliebte „Café Konditorei Karl Mach".

Mitte 1917 hatte Karl Mach die Konditorei eröffnet. 1956 wurde der Betrieb geschlossen.

Der junge Bäckermeister Rudolf Schiestl hatte seinen Laden in der Antonsgasse 8. Das Bild zeigt den Besitzer noch vor 1900.

Die Bäckerei Schlossergässchen 16 wurde von Johann Baptist Ullmann 1873 übernommen. Die Aufnahme zeigt Enkel Karl Ullmann (in kurzer Hose) mit Belegschaft um 1925.

Herzlichen Gruß vom „Kipferl-
quartett": Fritz Ullmann (zweiter
von links) mit drei Mitarbeitern.

Diese Aufnahme von 1905 zeigt
das Backhaus in der Annamühle
(Heiligenkreuzer Gasse 3–5),
damals noch Bäckerei Hedrich. In
diesem Haus befindet sich seit
1576 durchgehend eine Bäckerei –
somit ist das Backhaus Annamühle
die älteste Bäckerei Badens.

Im Jahr 1897 ließ Fritz Ullmann sich mit seiner Familie und seinen Mitarbeitern fotografieren.

Prosit Neujahr! Otmar Schneider (im Bild ganz rechts) mit seinem Meister (ganz links) und Mitarbeitern mit Neujahrssüßigkeiten. Er übernahm die Bäckerei Hedrich im Jahr 1967. Heute führt sein Sohn Manfred den Betrieb.

◀ Ein verlockendes Angebot für Kunden gab es beim Zuckerbäcker Schmidtler in der Pfarrgasse 8 („Melkerhof") auch im Jahr 1893.

Die Familie Schey hatte ein Gasthaus in der Annagasse 23 mit koscherer Küche und betrieb eine Matzes-Bäckerei mit Kunden in weitem Umkreis. Die Fotoserie entstand um 1900.

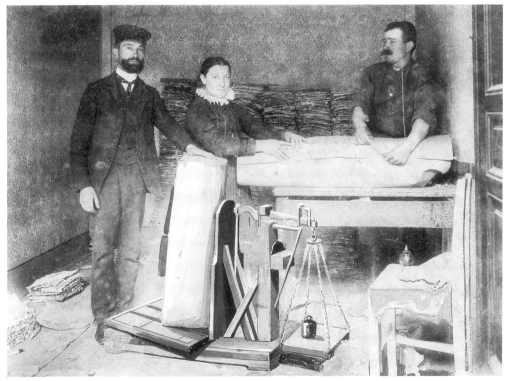

Hier wird das Brot gewogen und verpackt.

◀ Das Foto um 1900 zeigt die Fleischselcherei von August Lutter in der Bahngasse 1. Er betrieb die Erste Badener Dampfwurst-Fabrik.

Am 12. Mai 1903 kamen ein Kamel und ein Esel zu Besuch in die Fleischhauerei Johann Pennall in der Mühlgasse 7.

◀ Gut besucht war seine Filiale in der Rathausgasse 13, Ecke Erzherzog-Rainer-Ring.

Der Fleischhauer Albert Willixhofer mit „kleinen" Helfern, Albert Küberl (links) und Willy Loderer (rechts). Die Aufnahme entstand Ende der 1950er-Jahre.

Seit April 1961 befindet sich die Fleischerei Fridrich mit ihrem Verkaufsgeschäft am Erzherzog-Rainer-Ring 10–12. Mittlerweile wurde das Areal umgebaut, aber die Geschäfte behielten ihren Standort. Heute ist die Fleischerei Fridrich die einzige in der Stadt.

Im Jahr 1900 übernahm Wilhelm Jurczek die seit 1880 bestehende Buchbinderei in der Antonsgasse 4. Aus dieser Zeit stammt auch das Foto. Später übersiedelte die Firma in die Annagasse 23.

Harald Jurczek (im Arbeitskittel), aufgenommen um 1965, lernte das Handwerk bei seinem Onkel Oskar.

Oskar Jurczek bei der Arbeit in seiner Werkstatt um 1970.

Hier ließen sich viele Badener ihren Anzug schneidern: bei Wilhelm Wodicka, in der Pfarrgasse 16. Die Aufnahme dürfte um 1910 gemacht worden sein.

Nº 6.

Wilhelm Wodička

Etablissement für Herrenkleider

auf Massbestellungen für Civil und Militär.

Baden, Pfarrgasse 16

vis-à-vis der Pfarr-Kirche.

Lager feinster Nouveautés engl. franz. und inländ. Modestoffe.

☛ **Exactes Passen garantirt.**

Etablirt 1856.

Immer en vogue!

Rudolf Lenthe mit Tochter und Gattin vor ihrem Geschäft in der Marchetstraße 14 im Jahr 1959.

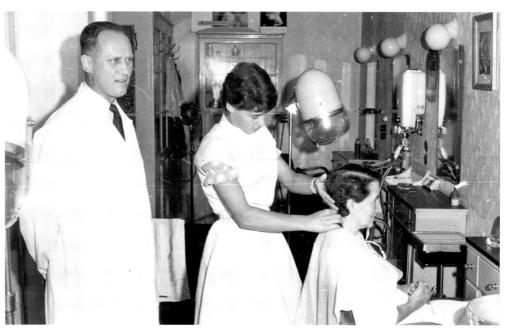

Die Tochter frisiert ihre Mutter in der Damenabteilung.

Meisterfriseur Albert Gigl, Wassergasse 1, ließ sich im Jahr 1912 von Meister Schiestl – gekonnt in Szene gesetzt – ablichten.

An sehr beliebter Adresse, Erzherzog-Rainer-Ring 12, bediente Herr Tichatschek seine Kunden und Kundinnen. Er wurde um 1910 fotografiert.

Beim Friseur und Raseur Linhart in der Antonsgasse 10 konnten sich die Herren täglich rasieren lassen.

Josef und Bruder Otto Wolkerstorfer 1938, bereits in voller Montur in der Fassbinderei in der Habsburgerstraße 62. Wie heute noch an der Hausfassade ersichtlich, war das Gründungsjahr 1891.

Von den Dauben zum Fass!

Auf der Hanselbank im Vordergrund wird eine Daube hergestellt.

Eindrucksvoll präsentieren sich die bis zu 25 Meter hohen Daubentürme.

Josef Wolkerstorfer in der Werkstatt im Jahr 1980. 20 Jahre später wurde dieses Familienunternehmen stillgelegt.

In der Wassergasse 13 begann Franz Stary mit seiner Reparaturwerkstätte und dem Verkauf von Fahrrädern. Das Foto stammt aus dem Jahr 1896.

Etwa zehn Jahre später hatte er bereits ein moderneres Geschäft in der Wassergasse 23, wofür er auch entsprechend Reklame machte (siehe Buchvorsatz).

◀ Die Zimmerei Klaps erhielt 1911 den Auftrag, das Dach des Presbyteriums der Stadtpfarrkirche zu reparieren und den Wetterhahn neu zu setzen.

Den Wetterhahn gibt es heute leider nicht mehr.

Das Sägewerk und die Zimmerei Klaps in der Leesdorfer Hauptstraße 37 hatten um diese Zeit zahlreiche Mitarbeiter. Der Betrieb war sehr renommiert. Das Firmengelände reichte bis zur Fabriksgasse.

Am Zimmereigelände der Firma Josef Schmidt in der Gartengasse 18 wurde im Herbst 1927 die Kuppel für den Beethoventempel im Kurpark vorbereitet.

Und hier wird bereits das Richtfest nach der Montage vor Ort gefeiert.

Links im Bild sieht man Josef Rath junior, den Enkel des Firmengründers Tapezierermeister Ignatz Rath, bei einem Meisterkurs im Jahr 1957. Der Betrieb befand sich jahrzehntelang in der Elisabethstraße 19.

Von 1927 stammt auch dieses Bild der Zimmerei.

Josef Rath senior (im Hintergrund) bei einem Landeslehrlingswettwerb der Innung 1963. Josef Rath junior erhielt 1995 anlässlich des 100. Firmenjubiläums Dank und Anerkennung durch die Wirtschaftskammer und übergab seinen Betrieb der Firma Zmeck.

In der Schlosserei Josef Gregora, Wassergasse 25, waren um 1910 viele Mit-arbeiter beschäftigt.

Eine Werbung der Tischlerei Michael Geyer um 1900.

1897 gründete Karl Schwarzott, geb. 1864, seine Tischlerei in der Wienerstraße 13. Heute arbeiten mehrere Geschwister in vierter Generation im Betrieb. Das Firmengelände hat sich über die Jahre von Nummer 13 bis zur Nummer 21 ausgedehnt.

Eine Grußkarte der Tischlerei Michael Geyer mit Ansicht des neuen Geschäftes in der Wassergasse 16.

Karl Schwarzott, geb. 1900, als Lehrling im elterlichen Hof.

Der Innenhof der Tischlerei in der Wienerstraße diente auch als Holzlagerplatz. ◀

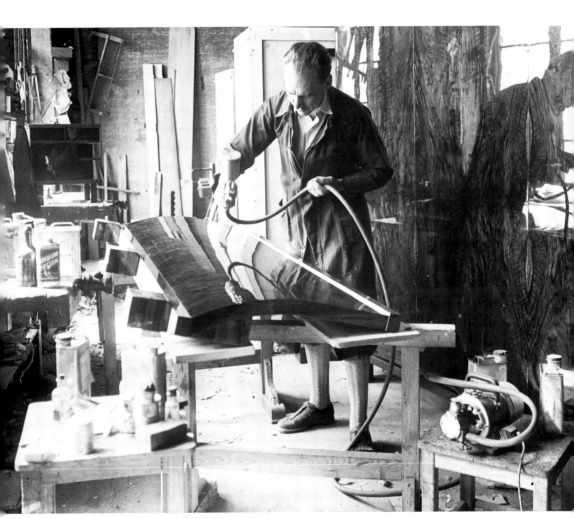

Karl Schwarzott bei der Arbeit in der Werkstatt in den 1930er-Jahren.

1930 übernahm Karl Schwarzott das elterliche Unternehmen und man verlegte sich mehr auf die Möbelfertigung. Dieser elegante Schrank entstand in diesen Jahren.

Herr Schmidt polierte täglich die Äpfel. Die Aufnahme ist von 1972.

Vom Handel

Das Obst- & Gemüse-Geschäft Schmidt in der Antonsgasse 8 bot tagein, tagaus einen erfreulichen Anblick.

Dieses Foto entstand 1901 am Grünen Markt. Zu dieser Zeit gab es noch keine Markthütten, die Waren wurden auf Wägen und Tischen angeboten.

60 Jahre später hatte sich das Angebot wenig geändert, allerdings standen den Marktleuten schon Hütten zur Verfügung.

Szenen am Grünen Markt in den 1950er-Jahren. Sommers wie winters ging man gerne hier einkaufen.

Am Maimarkt in der Boldrinigasse (Ecke Wiener-straße) herrschte um 1900 reger Betrieb.

Dieses Foto wurde ebendort am 24. August 1901 beim Augustmarkt aufgenommen.

Die Gemischtwarenhandlung Johann Steindl in der Wienerstraße 24 wurde 1879 gegründet. Die Aufnahme stammt aus dem Jahr 1900.

Etwas später wurde dieses Foto aufgenommen. Johann Steindl steht im Eingang.

Johann Steindl mit der Begründerin des Geschäftes, Katharina Steindl. Die Aufnahme wurde im März 1935 anlässlich ihres 85. Geburtstags gemacht.

So präsentierte sich das Innere des Geschäftes im August 1927. Johann und später Sohn Hans Steindl führten das Geschäft bis 1971.

1902 wurde das Geschäft Johann Meierwalter, Zum Italiener, in der Wassergasse 7 fotografisch festgehalten.

Das Fischgeschäft von Herrn Pfeiffer, mit eindrucksvoll gestalteter Fassade, befand sich am Grünen Markt in der Nähe der Heiligenkreuzergasse, um 1912.

Das Gemischtwarengeschäft der Familie Fleischberger befand sich jahrzehntelang in der Habsburgerstraße 50. Das Foto wurde in den späten 1930er-Jahren aufgenommen. Um 1965 wurde das Geschäft umgebaut. Nach neuerlichem Umbau wurde der Eingang in die Sandwirtgasse verlegt.

Herr Wunderl im April 1953 beim Lesen einer Fachzeitschrift. „Küss die Hand, was darf es sein?", ▶
begrüßte er stets die Damen.

Dem Geschäft Zum Italiener in der Wassergasse 7 folgte der Feinkostladen Emmerich Wunderl, der neben seinem Geschäft in Baden auch eine Filiale in Wien in der Herrengasse führte.

Die gut bestückte Auslage in der Wassergasse 7 mit Delikatessen aus aller Welt. ▶

Carl Bähr ließ 1913 diese hübsche Reklame herstellen. ▸

Im Feinkostladen des Carl Bähr, Hauptplatz 3, wurde im Jahr 1910 diese Aufnahme gemacht.

Der Chef und sein Angestellter posierten 1913 für dieses Foto. ▸

Putzware, Schneidereizubehör und Babywäsche gab es bei Anna Nissel in der Pfarrgasse 16.

Ein paar Häuser weiter gab es Wirkwaren, Wäsche, Leinen und Baumwollwaren bei Josef Kollmann in der Pfarrgasse 3. Josef Kollmann war lange Zeit Gemeindepolitiker und schließlich Bürgermeister der Stadt Baden.

Um 1920 entstand diese Aufnahme von der Pfarrgasse 16.

Das Traditionsunternehmen Schumits, gegründet 1870, mit Zentrale am Hauptplatz 21 und etlichen Filialen, verfügte über ein breitgefächertes Angebot an Eisen- und Haushaltswaren.

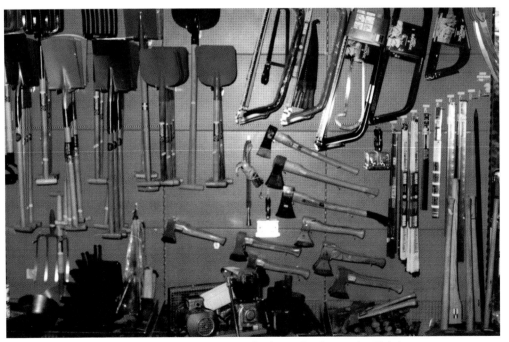

Beim Nahversorger für Werkzeug und Gartengeräte fand man fast immer das Richtige.

1826 kaufte der Seifensieder Anton Schilcher das Haus Antonsgasse 4–6 und legte damit den Grundstein für die verschiedenen Unternehmen. Anfangs wurden eine Weinkellerei und eine Spezereienhandlung betrieben.

Nach beinahe hundert Jahren als Kaufhaus Anton Schilcher in der Antonsgasse 4–6 mit verschiedenen Sparten erfolgte in den 1920er-Jahren die Umstrukturierung in ein Ausstattungsgeschäft.

Feines aus Silber konnte man bei Hanns Nemetz Gold und Silberwaren in der Rathausgasse 5 erstehen. Gegründet hatte er sein Unternehmen 1922, das Foto entstand in den darauffolgenden Jahren.

Der Juwelier und Uhrmacher Robert Breyer in der Pfarrgasse 8 beauftragte den Badener Grafiker Camillo Kubicek mit der Gestaltung unterschiedlicher Werbesujets.

Im Jahr 1930 gründete Walter Duchan sein Fachgeschäft für Radiotechnik in der Frauengasse 8. Bald darauf richtete ihm die Firma Philips ein Schallplattenaufnahmestudio ein. Im Bild lächelt Margarethe Duchan (rechts) mit Freundin Anni Baader um 1940 in die Kamera.

Nach 1945 mussten viele Reparaturen durchgeführt werden. Walter Duchan notiert um 1950 diverse Aufträge.

Anfang der 1960er-Jahre gestaltete der beliebte Grafiker Camillo Kubicek die Reklame für Radio Woltron, Erzherzog-Rainer-Ring 5.

Eine der Auslagen der Drogerie Hans Prokopp in der Rathausgasse 5–7. Den Grundstein für das Unternehmen legte Hans Prokopp 1898 in der Theresiengasse. Seine Nachfolger waren Fritz und Peter Prokopp. Heute leitet Christian Prokopp den Betrieb mit mehreren Gewusst-wie-Filialen.

Die Tankstelle in der Rathausgasse 5–7 wurde von der Firma Hans Prokopp betrieben. Diese originelle Aufnahme entstand um 1930.

Strahlend führt Peter Prokopp seine hübsche Braut in seinem VW-Bus in die Flitterwochen.

Schräg vis à vis der Drogerie Prokopp befand sich das Schuhgeschäft Topitsch.

1973 begannen die Arbeiten für die Fußgängerzone, auch in der Rathausgasse. Das Angebot der Firma Prokopp hat sich stark verändert. Heutzutage liegt der Schwerpunkt im Bereich der Schönheitspflege und Gesundheit.

1905 erwarb Carl Zweymüller die Buchhandlung am Hauptplatz 3, die bereits 1864 gegründet worden war.

Sein Sohn Carl Zweymüller übernahm das Geschäft und führte es viele Jahre mit seiner Frau Ingeborg. Zu Beginn der 1970er-Jahre startete Ingeborg Zweymüller ihre Kunstgalerie Kleine Galerie am Hauptplatz, die sie mit viel Engagement betreute.

Elfriede Ott, diesmal als Malerin, mit ihrem damaligen Mann Hans Weigel und Galeristin Ingeborg Zweymüller, signiert eines ihrer Blätter. Nach dem Verkauf der Buchhandlung 1988 führte sie ihre Kunstgalerie in ihrem Haus am Kaiser-Franz-Ring fort, wo sie noch das 40. Jubiläum feiern konnte.

In der Buchhandlung fanden immer wieder Autorenabende statt, die sich riesigen Zuspruchs erfreuten. Hier auf dem Bild unterhält sich Wilfried Zeller-Zellenberg mit Anton Wichtl (Bildmitte). Rechts von ihm entdeckt Ingeborg Zweymüller einen Gast.

1883 gründete Ferdinand Mohr die nach ihm benannte Buch- und Papierhandlung in der Pfarrgasse 12. Die Aufnahme dürfte um 1900 entstanden sein.

Ein Abend war Curd Jürgens gewidmet! ▸

Der spätere Bürgermeister August Breininger, ein Neffe von Ferdinand Mohr junior, begründete die legendären „Mohr-Meetings". Im Laufe der Jahre fanden sich zahlreiche prominente Gäste ein, hier Heinz Conrads, der vom Ehepaar Breininger eingeladen worden war.

Besonders herzlich willkommen geheißen wurde Lilli Palmer bei ihrer Lesung am 21. April 1977.

Im Dezember 1974 stellte Marika Rökk ihr Buch „Herz mit Paprika" vor und erhielt eine Medaille der Stadt Baden.

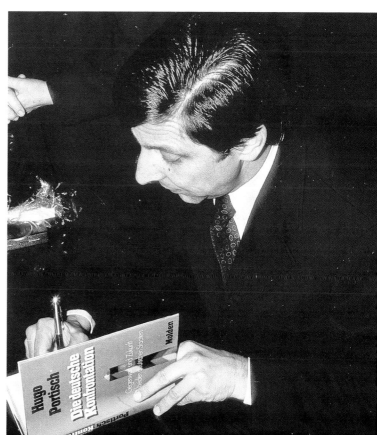

Der bis heute renommierte Publizist Hugo Portisch signierte seine Neuerscheinung am 25. März 1974.

Die Buchhandlung Schütze in der Pfarrgasse 8 (Melkerhof) wurde 1865 gegründet. 1967 wurde sie von Alfred und Elisabeth Braun übernommen. Alfred Braun wurde 1968 an seinem Schreibtisch in der Buchhandlung fotografiert.

Auch diese Tabak-Trafik beim Haupteingang zum Doblhoffpark, die in den 1960er-Jahren fotografiert wurde, gibt es längst nicht mehr. Gab es 1951 noch 26 Tabak-Trafiken, so kann man sie heute an einer Hand abzählen.

Die Aufnahme zeigt Alfred und Elisabeth Braun in ihrer Buchhandlung im Oktober 1984. Heute führen ihre Kinder die Buchhandlungen Schütze: Harald Braun die Hofbuchhandlung und Bücher Schütze in der Pfarrgasse 8 und Siegrid Hauser die Jugendbuchhandlung in der Antonsgasse 1a.

Die Fotos illustrieren „Shopping" am Hauptplatz anno dazumal und die „Fuzo" in der Pfarrgasse Jahrzehnte später.

Vom Gewerbe

Vom 17. August bis 1. September 1912 fand auf dem Gelände vor dem Weikersdorfer Rathaus, dem heutigen Rollettmuseum, die große Gewerbeausstellung statt. 256 Firmen und Betriebe nahmen teil, die Vöslauer Elektrische verkehrte mit Sonderzügen zwischen Josefsplatz und Elisabethstraße.

Josef Nägelein, Elektrotechniker in der Wassergasse 15, präsentiert stolz seinen Rohölmotor mit Verbindung einer Dynamomaschine.

Bei der Eröffnung wurde Erzherzog Rainer vom Bürgermeister Dr. Franz Trenner durch die Ausstellung geführt. Nach Zeitungsberichten hatte die Ausstellung 30.000 Besucher.

Eine Familie mit slowakischem Kindermädchen freute sich auf die Ausstellung.

Vom 20. bis 28. September 1930 fand wieder eine Gewerbeausstellung statt, diesmal im Schloss Weilburg und auf dem Gelände davor. Tausende Besucher kamen aus nah und fern. Wie zu der Gewerbeausstellung 1912 wurde auch diesmal ein Katalog herausgegeben.

Am Tag der Eröffnung im August 1912 posierten Honoratioren und Aussteller für dieses Foto.

Im Restaurant Luegmayer konnten sich die Gäste von den Strapazen erholen.

Die Firma Oetker präsentierte sich mit einem imposanten Stand im Eingangsbereich.

Das Installationsunternehmen Otto Breyer stellte modernste Badezimmertechnik vor.

Das Gaswerk der Stadt Baden informierte über die neuesten Gasherde.

◀ Auch Hans Prokopp war mit der Samen-Abteilung seiner Drogerie vertreten.

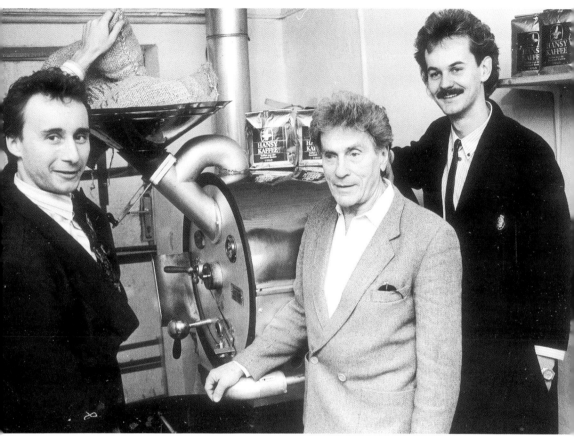

Helge Hansy und Familie beim Kaffeerösten im Geschäft am Erzherzog-Rainer-Ring 5, Ecke Heiligen-kreuzergasse.

◀ Bei Andreas Berlakovits wurde man über orthopädische Schuhe informiert.

In der Pfarrgasse 14 war das Fiakerunternehmen von Hans Schell untergebracht.

Dieser Fiaker war am 18. September 1901 am Pfarrplatz unterwegs.

Der Fotograf Friedrich Schiller hielt den Fiaker mit seinen weißen Rössern vor dem Kurhaus fest.

Hier blickt man in das Glashaus der Gärtnerei Glanner (1920–1946) in der Fabriksgasse 8.

Johann und Katharina Glanner lächeln in die Kamera. Das Foto dürfte um 1940 entstanden sein.

Mit künstlerisch gestalteter Reklame wurde für das Blumenfest am 28. und 29. Juni 1906 im Doblhoffpark geworben.

An der Ecke Weilburgstraße 2 liegt die traditionsreiche Apotheke Zur Weilburg, die 1883 gegründet wurde. Emanuel Rotter übernahm sie nur drei Jahre später und führte sie bis 1945. Noch heute ist die Apotheke in Familienbesitz.

Die Marienapotheke in der Leesdorfer Hauptstraße 28 wurde 1914 durch Gustav Scholda übernommen. Erst 1996 übersiedelte die Apotheke, die noch heute in Familienbesitz ist, in die Leesdorfer Hauptstraße 11.

Adolf Grimus Ritter von Grimburg übernahm 1876 die Heiligen-Geist-Apotheke am Hauptplatz 6. Am 28. Jänner 1902 entstand diese Aufnahme mit von Grimburg (Mitte rechts) und seinen Mitarbeitern.

Mitte der 1960er-Jahre übernahm Friedhelm Kirnbauer die Apotheke und leitete sie über viele Jahre hinweg. Das Erinnerungsfoto entstand im April 1981.

Im Jahr 1905 ließ von Grimburg das Gebäude modernisieren, aber die Inneneinrichtung ist bis heute erhalten geblieben und wird immer wieder gerne als Film- und Fotokulisse gewählt.

Die Gründung der Landschaftsapotheke erfolgte im 17. Jahrhundert. Seit 1913 ist die Apotheke am Hauptplatz 13 im Besitz der Familie Haberfeld. Das Foto zeigt den Inhaber Heinz Haberfeld in der Offizin um 1970.

Am 16. Februar 1924 wurde von Franz X. Fischer die Heilquell-Apotheke in der Antonsgasse 4 eröffnet. Die Aufnahme stammt aus dieser Zeit. 1966 übersiedelte die Apotheke an den neuen Standort Antonsgasse 1. Sie blieb bis 2006 in Familienbesitz.

Noch konnten die Kunden der Landschaftsapotheke mit dem Auto vorfahren.

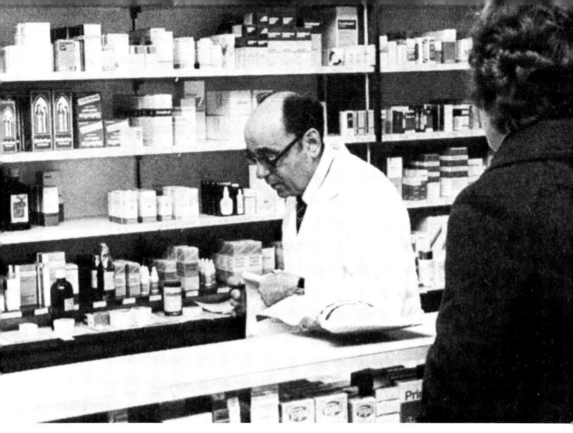

Der „Melkerkeller" am Ende der Germergasse, lange Zeit im Besitz des Stiftes Melk, war sehr beliebt bei jung und alt. Der Weinhändler Ferdinand Hanny pachtete die Ausschank einige Jahre hindurch. Das Foto entstand um 1910.

Es wird ein Badnerberger Wein sein, und wir werden nimmer sein. 21. X. 1931

Im Jahr 1931 ließ sich Josef Schwabl in seinem Weingarten am Badner Berg bei der Weinlese ablichten. Sein Heurigenbetrieb war in der Mühlgasse 11.

Ausgesteckt war wieder einmal beim „Heurigen Schwabl" in der Mühlgasse 11 im Herbst 1942. ▸

Das Fest der Traube am 11. September 1938 wurde ein Riesenerfolg. 13.000 Besucher kamen und die Badener Mädchen trugen ihre kleidsamen Trachten. Im Bild sitzend Klara Schwabl. ▸

… nämlich beim „Heurigen Fischer" in der Boldrinigasse 9.

Johann und Anna Schwingenschlögl ließen 1907 eine Ansichtskarte von ihrem Heurigen in der Karlsgasse 37 anfertigen.

Karl Fasching versendete 1933 Einladungen zu seiner Heurigenschank.

Der Fotograf Hans Wanieczek, der sein Atelier in der Mühlgasse 6 hatte, postierte sich in Erwartung guter Kundschaft vor dem neu erbauten Undine-Brunnen (1903) im Kurpark.

Stadtbekannt

Rosa Leithner steht 1932 vor ihrem beliebten Kiosk in der Weilburgallee, vis à vis dem ehemaligen Gasthaus „Sandwirt". Der Kiosk wurde bis in die späten 1970er-Jahre betrieben.

Die alte Frau Maresch nahm weite Fußwege auf sich, um Brot und Semmeln zu den Kunden zu tragen.

„Der Brezenbäck". Die Bäckerei Maresch in Pfaffstätten setzte eine alte Tradition fort: das Brezenbacken. Franz Wrbitzky war der Bote, er kam täglich in den Morgenstunden mit den Brezen nach Baden. Diesen Service gab es bis zum Beginn des Zweiten Weltkriegs.

„Der Häferlflicker". Er verdiente sich ein paar Groschen, indem er verbeulte Metalltöpfe notdürftig reparierte. Am 15. Mai 1937 wurde er am Hauptplatz bei seiner Arbeit fotografiert.

Ein Maronibrater hatte im Winter 1920 seinen Ofen auf dem Pfarrplatz aufgestellt, in unmittelbarer Nähe zur Schule.

Georg Gibhard, „der Glasfresser" oder auch „der Wilde" genannt. Als junger Mann zerbiss und schluckte er für ein Krügerl Bier Scherben. Später verdingte er sich als Kolporteur, Blumenverkäufer, Wagentürlaufmacher usw. Am 29. Juli 1900 betätigt er sich als Ausrufer für eine Tombola.

„Die Mistarretiererin". Man weiß nicht, erhielt sie eine kleine Belohnung fürs Mistaufsammeln oder wollte sie nur Ordnung machen?

„Die Wasserwabi". Anna Neubeck veröffentlichte 1897 folgendes Inserat: „Nachdem ich jetzt schon seit 25 Jahren viele p.t. Familien in Baden mit Wasser versorge, wodurch ich in der Lage bin, mir mein Brot zu verdienen, danke ich hiermit herzlich für das mir bisher bewiesene Wohlwollen."

Chronik

Römerzeit	Schon in der Zeit der Römer war der Ort wegen seiner warmen Schwefelquellen unter dem Namen „Aquae" bekannt.
869	In einer Urkunde findet sich der Name „Padun".
1459	Die Badener Bürger bekommen das Recht, Wein zu verkaufen und auszuschenken.
1480	Baden erhält unter Kaiser Friedrich III. das Stadtrecht.
1529 und 1683	Bei den Türkeneinfällen von 1529 und 1683 wird die Stadt zerstört.
1714 und 1812	Neuerliche Zerstörungen durch Stadtbrände. Nach dem letztgenannten Brand werden viele Häuser der Stadt neu errichtet, weshalb Baden dieser Zeit entsprechend oft als Biedermeierstadt bezeichnet wird.
1796 bis 1834	Baden ist kaiserliche Sommerresidenz unter Kaiser Franz I. von Österreich. Hofstaat und kaiserliche Familie bescheren der Stadt wirtschaftlichen Aufschwung. Mozart besucht seine zur Kur in der Stadt weilende Ehefrau, Beethoven verbringt viele Sommer in Baden und nützt die Gelegenheit zu weiten Wanderungen in das romantische Helenental, an dessen Eingang die Burgruinen Rauheneck und Rauhenstein stehen.
1916	Nach dem Tod Kaiser Franz Josephs I. verlegt der letzte österreichische Kaiser Karl I. das Armeeoberkommando von Teschen nach Baden und residiert mit seiner Familie im Kaiserhaus am Hauptplatz.
1926	Das Thermalstrandbad wird errichtet.
1934	Das Spielcasino wird eröffnet.
ab 1955	Nach der sowjetischen Besatzungszeit zwischen 1945 und 1955, in der Baden Sitz des sowjetischen Oberkommandos für den pannonischen Raum war und rund 16.000 Angehörige der Besatzungsmacht samt Offiziersfamilien beherbergte, erholt sich die Stadt allmählich von Kriegs- und Besatzungsschäden.
Gegenwart	Baden bei Wien zählt heute rund 26.000 Einwohner. Es ist also eine Kleinstadt, die etwa 25 Kilometer südlich von Wien an der sogenannten Thermenlinie am Ostrand des südlichen Wienerwaldes beiderseits des Flusses Schwechat gelegen ist. Bis heute ist Baden wegen seiner warmen Schwefelquellen ein bedeutender Kurort mit dem Spielcasino, dem Thermalstrandbad, mehreren Museen, einem Stadttheater und der beliebten Sommerarena mit ihren Operettenaufführungen. Nicht unerwähnt sollen die noch bestehenden zahlreichen Buschenschankbetriebe der Weinbautreibenden bleiben, die nicht nur von Kurgästen gerne aufgesucht werden.

Baden bei Wien
Verlorenes neu entdeckt

Hildegard Hnatek und
Franz Reiter

19,95 €
ISBN-13: 978-3-86680-799-0

Fotoschätze aus
Baden bei Wien

Hildegard Hnatek und
Franz Reiter

18,90 €
ISBN-13: 978-3-89702-668-1

**So war's einmal in
Baden bei Wien**

*Hildegard Hnatek und
Franz Reiter*

18,90 €
ISBN-13: 978-3-86680-154-7

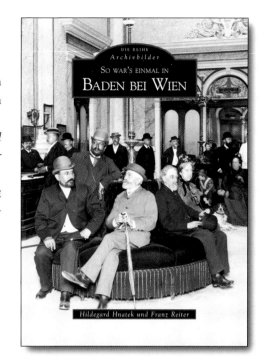

So war's einmal in Berndorf

Reinhard Muschik

18,90 €
ISBN-13: 978-3-86680-421-0

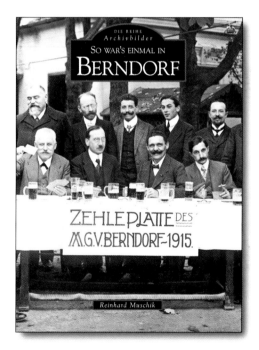

Weitere Bücher aus Ihrer Region finden Sie unter:
www.suttonverlag.de

Dem Herr

geboren am

H

du

vo

De

fre